JN091890

知ろう！学ぼう！

税金 の働き

税金の種類と使い道

監修／日本税理士会連合会

金の星社

はじめに

みなさんは税金について考えたことがありますか？

「知ろう！ 学ぼう！ 税金の働き」シリーズは、わたしたちのくらしと税金のかかわり、税金の種類と役割などについて、まんがや図表とともにわかりやすく解説しています。

第1巻『税金の基本と仕組み』では、最初に消費税について考えます。消費税は、お店で商品を買うときに払う税金です。わたしたちにとって、もっとも身近な消費税をとおして、税金の仕組みや税金の公平な集めかたについて学びましょう。

第2巻『税金の種類と使い道』では、さまざまな税金の種類や税金の役割、使い道などについて考えます。たとえば、学校を建てるには国や地方公共団体が集めたお金を使います。そのお金には税金があてられています。ほかにも、税金はわたしたちの生活のいろいろな場面に使われています。税金の制度や役割についても学んでいきましょう。

このシリーズを読めば、わたしたちの社会が税金によってささえられていることがわかります。ぜひ、わたしたちがおさめた税金がどのように使われているのかを調べて、税について関心をもってください。そして、一つひとつの税金の仕組みやその集めかたが今のままでよいか、集められた税金がみんなが納得できるように使われているかなど、自分なりに考えてほしいと思います。

これからの社会をささえていくのは、みなさんです。自分だけでなく、みんなのくらしがよりよくなるために何をするべきか、一人ひとりが考えることで、今よりももっとすてきな社会になっていくことでしょう。

この本が、みなさんが税金について興味をもつきっかけになればうれしいです。また、まわりの人たちのいろいろな意見や考えを聞きながら、自分の視点でも税について考えられるようになってほしいと願っています。

日本税理士会連合会

会長　神津　信一

もくじ

第1章　税金（ぜいきん）の種類

第2章　税金の使い道と財政

まんが●はじめての財政　みんなのための税金がたりない？ …………… 34

第1章
税金の種類

こんなところにも税金が……？

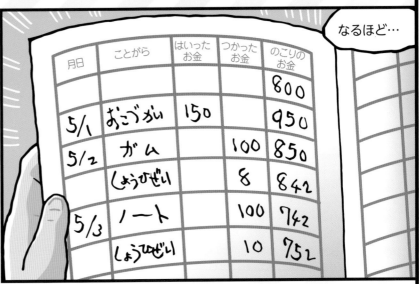

月日	ことがら	はいった お金	つかった お金	のこりの お金
				800
5/1	おこづかい	150		950
5/2	ガム		100	850
	しょうひぜい		8	842
5/3	ノート		100	742
	しょうひぜい		10	752

そして家に帰り…

つながった？

タケルの
ネット銀行は

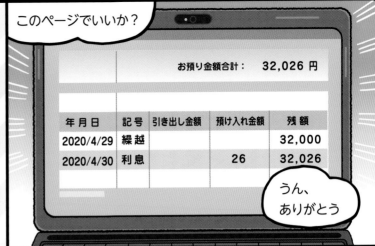

このページでいいか？

| | | お預り金額合計： | | 32,026 | 円 |

年 月 日	記号	引き出し金額	預け入れ金額	残 額
2020/4/29	繰越			32,000
2020/4/30	利息		26	32,026

うん、
ありがとう

そうそう！
この利息26円って
なに？

銀行にあずけると
お金がふえるんだ！
それが利息

ふえてるん
だよね

利息

26

ハジメくんは
もらえないかも…

ぼくもあずけて
利息をもらう！

えっ、
なんで？

だれでも利息を
もらえるはずでは？

そーだよ！
732円あるもん

…いや

みて!!

この銀行の1年の金利は0.1％だから
利息は1円にもならないのです！

なにそれ

パパ！
ぼくは利息を
もらえないって！

そっか…

すまん…

でも、ハジメくんは2年生なのに
消費税までおこづかい帳に
つけるだけでりっぱだよ！

すごいぞー

なでなで

じゃあ、パパは
プラモにもどりまーす

ビールビール

そっち
冷蔵庫だよ？

※ 利息（金利）の税率は20％で計算しています。

9

うまーー♡

タケルくん、そういえば聞きたいことがあるって、いってたよね？

うん、この利息ってどういう計算で26円になったの？

あ～あ もう～

利息には、消費税とはちがう税金がかかっていてね…

実はね～

お、

え？

利息から、その税金が引かれた残りが26円なんだ

★ 利息の20％（所得税＋住民税）

銀行預金普通口座 32,000円

金利（1年）0.1%

もらった利息 32円

税金 6円

差引 26円

源泉分離課税といって、これで納税が完了！

知らないうちに利息から税金をはらってたんだ～

ゲ…ゲンセンブンリカぜ～？

所得税～？

国にとって、確実に税収を確保できるようになっているんだよ

なるほど

所得税なんておさめていておにいちゃん、すごいじゃん！

社会のためになっているのだ

税金のこと、少しはわかってきたかな

ただいまー

お、ママたち帰ってきた!!

うーん

※ビールの税金は2020年1月現在のおよその金額（350mLの場合）。2020年10月以降、税率は段階的に変更される。

家のお金は、どう動いている？

家族が買い物をするときに使うお金は、どうやってえられたものでしょうか？おこづかいは、どうやってうまれたお金だと思いますか？

お父さんやお母さんがかせいだお金だと思うよ。おこづかいがもっと多いとうれしいけど。

でも、おこづかいをふやしすぎると、家のお金がなくなっちゃうんじゃない？

　お金（貨幣）がまだなかった大昔、人々は、とらえたシカやイノシシ、魚などを交換しあって、必要な物を手にいれていました（物々交換）。お金が登場し、交換するものさしとして使われるようになると、物とおなじ価値のお金を交換することで経済（貨幣経済）が成り立つようになりました。たとえば、100円をもっていれば、100円の価値のある商品と交換できるようになったのです。

　今では、形のある物だけでなく、労働などといった形のないサービスも、それぞれの価値に見合うお金と交換することで、経済が成り立っています。

物と物の交換から、お金と物やサービスなどとの交換に発展した。

物と物の交換

↓

お金との交換

お金との交換は、買い物をして代金を支払うことや、サービスを利用して利用料を支払うことで実現。

家族みんなが生活するためには、食べ物や服などを買うお金が必要です。お父さんやお母さんが会社員や公務員（こうむいん）の家であれば、会社や役場で働いてえた給料を、商店や農業などをいとなむ家であれば、事業によってえた利益（り）（えき）（もうけ）を収入（しゅうにゅう）とし、そのお金を使って生活に必要なものを買ったり、サービスをうけたりします。

家のお金の出入り（収入と支出）を家計（かけい）といい、かぎられたお金を使って生活をすることを「やりくりする」などといいます。家計（かけい）をじょうずにやりくりするには、収入（しゅうにゅう）と支出（ししゅつ）のバランスに注意しながら、計画的にお金を使う必要があります。たとえば、1か月の給料が20万円であれば、支払い（しはら）が20万円をこえないようにくふうします。

おこづかいや国のお金もおなじです。おこ

家を中心にしたお金の動き

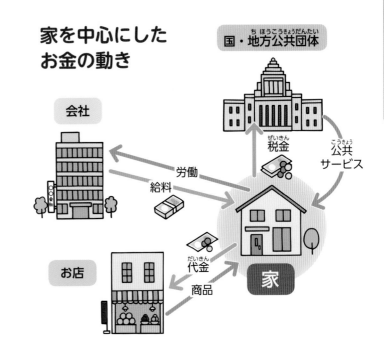

づかいをもらったら、つぎにもらうまでのあいだ、じょうずにやりくりして使います。国のお金のやりくりは財政（ざいせい）（▶ p.36）といい、政府（せい）（ふ）は、国にはいった税金（ぜいきん）などをじょうずにやりくりして、国民のために使っています。

家計（かけい）と消費支出（しょうひししゅつ）

右の円グラフは、二人以上がくらす世帯（せたい）の家計（かけい）の消費支出（しょうひししゅつ）をあらわしたものです。「消費支出（しょうひししゅつ）」とは、家族が生活をしていくうえで必要な支出（ししゅつ）のことです。「生活費」や「家計費」などともよばれ、家の収入（しゅうにゅう）から消費をしない支出（ししゅつ）（税金（ぜいきん）や社会保険（しゃかいほけん）料（りょう）など）をのぞいた部分にあたります。

おもな消費支出（しょうひししゅつ）

食料……食事にかかるお金。
住居（じゅうきょ）……家の家賃（やちん）や修理（しゅうり）にかかるお金。
光熱・水道……電気、ガス、水道にかかるお金。
家具・家事用品……家具や家電製品（せいひん）にかかるお金。
被服（ひふく）・はきもの……服やくつにかかるお金。
保健医療（ほけんいりょう）……病院や薬にかかるお金。
交通・通信……電車やバスの運賃（うんちん）、車の燃料費（ねんりょうひ）、携帯（けいたい）電話やインターネットにかかるお金。
教育……学用品や教材にかかるお金。
教養娯楽（ごらく）……旅行や趣味（しゅみ）にかかるお金。

1世帯（せたい）の1か月の消費支出（しょうひししゅつ）
（二人以上世帯・2018年の平均）

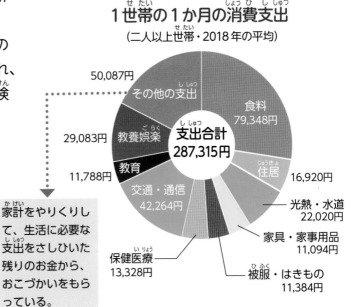

家計（かけい）をやりくりして、生活に必要な支出（ししゅつ）をさしひいた残りのお金から、おこづかいをもらっている。

「家計調査報告（家計収支編）2018年」（総務省統計局）

税金の役割って、なんだろう？

物やお金などを手にいれたり、サービスをうけたりするときには課税（税金がかかること）がされています。税金にはどういう役割があるのでしょう？

みんなのために使うんでしょ。国や市町村の運営費にあてるんだよ。

納税額は人によって差があるみたいだから、何か意味がありそうだね。

景気という言葉に関係がありそう？

個人の税金が少なければ、たくさん買い物ができるから、お店や会社は大繁盛するんじゃない？

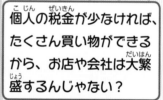

でも、お店や会社の利益が多くなって、たくさんの税金が必要になりそう。

もらうお金が多いと、税金は高くなるんだよ。

社会のなかで税金がはたす役割は、おもに3つあります。

ひとつは、公共施設・公共サービスの財源としての役割です。税金は、国や地方公共団体の基本的な活動のほか、道路や水道、教育や医療、介護など、すべての人に必要な公共施設や公共サービスの費用にあてられます。

つぎに、所得の再分配としての役割です。わかりやすくいうと、お金を多くもっている経済的にゆたかな人と、そうでない人との差を小さくすることです。所得や資産の多い人の税金を多くし、それを社会保障や公共サービスなどの財源にあてる一方で、所得や資産の少ない人の税金を少なくすることで、資金力・経済力などの経済的な格差をちぢめます。

最後は、景気の調整という役割です。国民の生活を安定させるためには、景気の変動は小さいほうがこのましいといえます。「景気」とは、経済活動が活発であるかどうかをあらわす言葉で、生産や消費がさかんなときを好景気（好況）といい、ぎゃくに生産や消費が落ちこんだときを不景気（不況）といいます。政府は、好景気がすすんで過熱ぎみであれば、増税をすることによって企業や国民への税金の負担をふやし、消費や投資をおさえようとします。反対に、不景気がつづけば、減税によって税金の負担をへらし、消費や投資が活発になるようにします。また、累進課税（▶p.22）をとりいれている税金では、景気や個別の企業の業績によって納税額が増減します。好景気のときにはおさめる税金がふえるので増税効果があり、不景気のときには税金がへるので減税効果があります。

税金の3つの役割

公共施設・公共サービスの財源

公共の施設をつくったり、サービスを提供したりするには、多くのお金（費用）がかかる。その財源として、広く国民から税金を集めている。

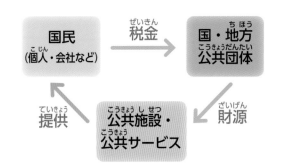

所得の再分配

経済的な能力におうじた税金を負担させることで、結果として、経済的にゆたかな人の所得が、ゆたかでない人に分配されることにつながる。「富の再分配」ともいう。

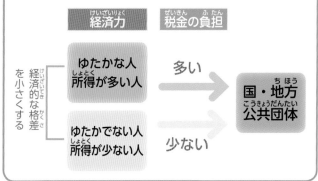

景気の調整

景気のよい、わるいによって所得（収入など）がかわるので、自然に納税額や消費額が変動する。政府は、景気対策を目的として増税や減税をおこなうこともある。

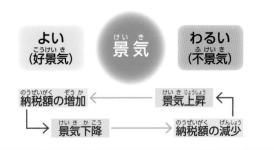

税金の種類を知っておこう

日本の税金は、国税と地方税に大きくわけられます。公共的な仕事は国と地方公共団体で役割が分担されているので、それぞれで必要になるお金を、国税と地方税にわけて集めているのです。税金（租税）全体にしめる国税と地方税の割合は、右のグラフ**1**のようになります。

国税は、国におさめる税金です。国を運営するためのもっともだいじなお金で、社会保障や防衛、外国との交渉などといった国全体にかかわる仕事にあてられます。所得税や消費税、法人税などがおもな国税です。

地方税は、地方公共団体（都道府県・市区町村）におさめる税金です。個人の住居や法人の事業所がある地方公共団体や、公共サービスをうける地方公共団体におさめます。地方公共団体を運営するためのもっともだいじなお金で、医療福祉や教育、水道、交通、公共施設の整備などといった仕事にあてられます。住民税（都道府県民税・市区町村民税）や事業税などがおもな地方税です。

税金は、おさめかたのちがいによってもわけられます。税金を負担する担税者と、おさめる（納付する）納税者がおなじものを直接税といい、ことなるものを間接税といいます。商品購入時に代金とともに払う消費税は間接税です。消費税の場合、担税者は買った人、納税者はお店になります。

1 国税と地方税の割合

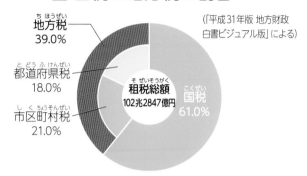

（「平成31年版 地方財政白書ビジュアル版」による）

地方税 39.0%
都道府県税 18.0%
市区町村税 21.0%
租税総額 102兆2847億円
国税 61.0%

2 直接税と間接税の比率

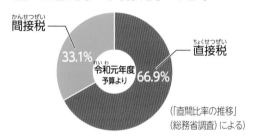

間接税 33.1%
直接税 66.9%
令和元年度予算より

（「直間比率の推移」（総務省調査）による）

間接税は、買い物をしたときなどに同時に払うため、集めやすい税金といえます。政府としては安定して税金を集められることから、近年、間接税の比率を高める傾向にあります。日本の直接税と間接税の比率（直間比率）は上のグラフ**2**のようになります。

また、会社員と自営業者では、所得税や住民税など、おもな税金のおさめかたにちがいがあります（くわしくは▶p.22）。たとえば、所得税については、会社員の場合は、会社が毎月、税金の金額を計算して給料からさしひき、税務署へおさめます★1。自営業者の場合は、1年に1回、自分で税金の金額を計算して税務署へおさめます★2。

★1…源泉徴収　　★2…確定申告

日本のおもな税金 （2020年1月現在）

【p.00】は、くわしく説明しているページ

日本の税金は約50種類あり、それぞれ法律で納税のルールがさだめられています。立場のちがうさまざまな人たちが、なるべく公平になるように、税金の制度は考えられています。

直接税	間接税
所得税【p.20】　個人の１年間の所得（利益）に対してかかる。	**消費税**【p.25】　商品を買ったときや、サービスの提供をうけたときに、地方消費税とあわせてかかる。消費税7.8％＋地方消費税2.2％＝10％
復興特別所得税【p.44】　東日本大震災からの復興に必要な財源を確保するための税金。2013〜2037年までの25年間、所得税額の2.1％をおさめる。	**酒税**【p.29】　日本酒やビール、ウイスキーなどの酒類を製造所から出荷したときにかかる。
法人税【p.24】　法人（会社など）の所得（利益）に対してかかる。	**揮発油税**　自動車のガソリンなどを製造所から出荷したときにかかる。「ガソリン税」ともいう。
相続税【p.28】　亡くなった人から財産を相続（うけつぐこと）したときなどにかかる。	**たばこ税**【p.29】　たばこを製造所から出荷したときにかかる。たばこ税と、たばこ特別税がある。
贈与税【p.28】　個人から財産を贈与（無償でゆずりうけること）されたときにかかる。	**自動車重量税**【p.31】　自動車の車検（車体検査）をうけたときに、自動車の重量におうじてかかる。
その他の税金（地方法人税など）	**登録免許税**　不動産や船・飛行機、会社などを登記するときにかかる。
	印紙税【p.30】　契約書や領収書など、一定額以上の取引のときに作成する文書にかかる。
	関税【p.30】　輸入品を国内にもちこんだときにかかる。
	その他の税金（石油石炭税、とん税など）
住民税（都道府県民税・市区町村民税）【p.23】　個人の前年の所得や法人の所得に対してかかる。個人の住居や法人の事務所などのある都道府県・市区町村におさめる。	**地方消費税**【p.25】　商品を買ったときや、サービスの提供をうけたときに、国税の消費税とあわせてかかる。消費税7.8％＋地方消費税2.2％＝10％
事業税　個人や法人が事業をいとなんでいる場合に、所得（利益）に対してかかる。	**地方たばこ税（都道府県たばこ税・市区町村たばこ税）**【p.29】　たばこ製造者などが小売販売業者に売りわたしたときに、たばこの本数におうじてかかる。
不動産取得税【p.31】　不動産（土地や建物）を取得したときにかかる。	**ゴルフ場利用税**【p.31】　ゴルフ場を利用したときにかかる。
固定資産税【p.31】　土地や建物、機械や装置などを所有しているときにかかる。	**軽油引取税**　軽油の引き取りをしたときに、その容量におうじてかかる。
自動車税【p.31】　自動車の購入時や、自動車を所有している場合にかかる。環境性能割と種別割がある。	**入湯税**【p.31】　温泉に入浴したときにかかる。
軽自動車税【p.31】　軽自動車や原動機付自転車（原付バイク）などの購入時や、これらを所有している場合にかかる。環境性能割と種別割がある。	**その他の税金**（産業廃棄物税など）
その他の税金（都市計画税、核燃料税など）	

国税

地方税

日本の税収は、どれくらい？

税金クイズです。
第1問 年間の国税を使って東京スカイツリーをつくったら、いくつ建設できるでしょうか？

A 165　　B 1650　　C 16500

（こたえはp.32）

第2問 年間の国税を1万円札にしてつみあげたら、東京スカイツリーで、いくつぶんの高さになるでしょうか？

A 10.4　　B 104　　C 1040

　税収とは、税金による収入のことです。国や地方公共団体はさまざまな収入をえていますが、もっともだいじなものが税金です。

　年間におさめられた税金の総額（令和元年度予算）は、国税が約66兆4213億円、地方税が約40兆2378億円です。おもな税金ごとの割合は、右のグラフのようになっています。

　国税でもっとも割合が大きいのは所得税です。ついで、消費税、法人税が税収の多い税金です。地方税でもっとも割合が大きいのは住民税（個人・法人）です。ついで、固定資産税、地方消費税、事業税（法人）などが税収の多い税金です。税金ごとの割合は、税金の制度の改正などにより変化します。

　20ページから、おもな税金についてくわしくみていきましょう。

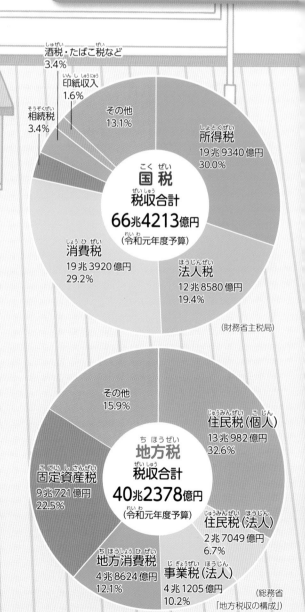

酒税・たばこ税など 3.4%
印紙収入 1.6%
相続税 3.4%
その他 13.1%
所得税 19兆9340億円 30.0%

国税
税収合計
66兆4213億円
（令和元年度予算）

消費税 19兆3920億円 29.2%
法人税 12兆8580億円 19.4%

（財務省主税局）

その他 15.9%
住民税（個人）13兆982億円 32.6%

地方税
税収合計
40兆2378億円
（令和元年度予算）

固定資産税 9兆721億円 22.5%
住民税（法人）2兆7049億円 6.7%
地方消費税 4兆8624億円 12.1%
事業税（法人）4兆1205億円 10.2%

（総務省「地方税収の構成」）

税金をおさめないと、どうなるの？

税金をおさめることは国民の義務として、憲法（日本国憲法）にさだめられています。そのため、だれでも正しく税金をおさめなくてはいけません。税金をおさめればお金がへるわけですから、自分からすすんで納税したいと考える人は少ないかもしれませんが、おさめるべき税額を、おさめるべき期限までに、確実に納付しなければいけないのです。

では、税金を正しくおさめなかったら、どうなるのでしょうか？

じつは、違反者には、とてもきびしい罰則がまっています。税金をおさめなかった場合はもちろん、納付がおくれた場合や、税額を計算した申告書類を期限までに提出しなかった場合にも、下の表にあるような税金が加算されます。

納付するのをわすれてしまったとか、事情があって期限にまにあわなかったなど、さまざまな理由があるかもしれません。しかし、日本の税制は、自分の税金は自分で計算しておさめるという申告納税制度を採用しているので、自分の責任で納税しなくてはいけないのです。

これはなんだ!?

知らんよ！買った壺にはいっていたんだろう…

でも、まれに税金からのがれようとする人がいます。たとえば、売上をわざと少なく申告したり、費用を多くすることで所得を少なくみせたりする「所得かくし」とよばれる行為をする人です。とくに悪質で違法な手段によって税金をのがれ、「脱税」にとわれた場合、最高で10年以下の懲役、もしくは1000万円以下の罰金、またはその両方が科されます。

納税は国民の義務ですから、正直に申告して正しく納付しなくてはいけません。

罰則として本来の税金（国税）に加算される税金

税　金	加算されるとき	利息・税率
延滞税・利子税	申告書類を提出したものの、期限までに納付しなかった場合。	日数分の利息
過少申告加算税	申告書類の税額が本来の金額よりも少なかったため、正しく修正した書類を提出した場合。	①10%
無申告加算税	申告書類を期限までに提出しなかった場合。	②15%
不納付加算税	源泉徴収税（給料や利子などからさしひいてあずかった所得税などの税金）を納付期限までに納付しなかった場合。	③10%
重加算税	過少申告加算税、無申告加算税、不納付加算税が課される場合において、意図的に所得金額などをかくした場合。	①・③にかえて35% ②にかえて40%

所得税（しょとくぜい）

国税（こくぜい）　直接税（ちょくせつぜい）

所得税（しょとくぜい）は、個人（こじん）の所得（しょとく）にかかる税金（ぜいきん）です。国の税収（ぜいしゅう）の約30％をしめている、金額（きんがく）の大きい税金です。

所得税でいう所得（しょとく）とは、1月1日から12月31日までの1年間にえた収入（しゅうにゅう）から、そのためにかかった費用などをさしひいた残りのお金、つまり利益（りえき）（もうけ）のことです。所得は、性質によって10種類（右ページ）に分類されています。会社員・公務員（こうむいん）の給料やボーナスにあたる給与所得（きゅうよしょとく）、自分で商売をしている人（自営業者（じえいぎょうしゃ））の利益（りえき）にあたる事業所得（じぎょうしょとく）、銀行にあずけた預金（よきん）の利子（りし）（利息（りそく））にあたる利子所得（りししょとく）などです。

所得税の金額（所得税額（しょとくぜいがく））は、課税（かぜい）される所得金額に対して、税率（ぜいりつ）をかけるなどして算出します。所得税には累進課税（るいしんかぜい）（超過累進課税（ちょうかるいしんかぜい））が採用（さいよう）されていて、所得が多い人ほど税率（ぜいりつ）が高くなり、おさめる税金（ぜいきん）も多くなります。

所得税額（しょとくぜいがく）の算出方法

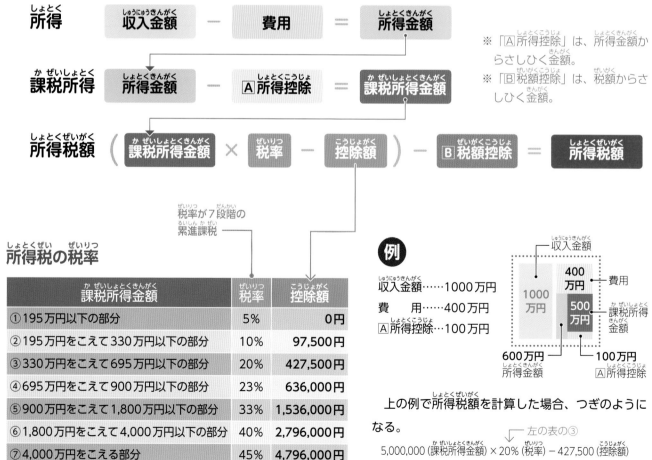

所得（しょとく）
収入金額（しゅうにゅうきんがく） － 費用 ＝ 所得金額（しょとくきんがく）

※「Ａ所得控除（しょとくこうじょ）」は、所得金額（しょとくきんがく）からさしひく金額（きんがく）。
※「Ｂ税額控除（ぜいがくこうじょ）」は、税額（ぜいがく）からさしひく金額（きんがく）。

課税所得（かぜいしょとく）
所得金額（しょとくきんがく） － Ａ所得控除（しょとくこうじょ） ＝ 課税所得金額（かぜいしょとくきんがく）

所得税額（しょとくぜいがく）
（課税所得金額（かぜいしょとくきんがく） × 税率（ぜいりつ） － 控除額（こうじょがく）） － Ｂ税額控除（ぜいがくこうじょ） ＝ 所得税額（しょとくぜいがく）

税率（ぜいりつ）が7段階（だんかい）の累進課税（るいしんかぜい）

所得税（しょとくぜい）の税率（ぜいりつ）

課税所得金額（かぜいしょとくきんがく）	税率（ぜいりつ）	控除額（こうじょがく）
① 195万円以下の部分	5％	0円
② 195万円をこえて330万円以下の部分	10％	97,500円
③ 330万円をこえて695万円以下の部分	20％	427,500円
④ 695万円をこえて900万円以下の部分	23％	636,000円
⑤ 900万円をこえて1,800万円以下の部分	33％	1,536,000円
⑥ 1,800万円をこえて4,000万円以下の部分	40％	2,796,000円
⑦ 4,000万円をこえる部分	45％	4,796,000円

（国税庁「所得税の速算表」より）

例

収入金額（しゅうにゅうきんがく）……1000万円
費用……400万円
Ａ所得控除（しょとくこうじょ）…100万円

収入金額（しゅうにゅうきんがく）
1000万円　400万円
費用
500万円　課税所得（かぜいしょとく）金額
600万円 所得金額（しょとくきんがく）　100万円 Ａ所得控除（しょとくこうじょ）

上の例で所得税額（しょとくぜいがく）を計算した場合、つぎのようになる。

左の表の③
5,000,000（課税所得金額（かぜいしょとくきんがく）） × 20％（税率（ぜいりつ）） － 427,500（控除額（こうじょがく））
＝572,500（所得税額（しょとくぜいがく））

10種類の所得（しょとく）

　個人（こじん）の所得（しょとく）には、会社員の給料や自営業者（じえいぎょうしゃ）の利益（りえき）以外にも、銀行預金の利子（りし）（利息（りそく））や、株式投資（かぶしきとうし）でえた利益（りえき）、アパート経営（けいえい）でえた家賃収入（やちんしゅうにゅう）など、さまざまなものがあり、これらの所得（しょとく）にも所得税（しょとくぜい）がかかります。所得税（しょとくぜい）についてさだめた所得税法（しょとくぜいほう）では、所得（しょとく）をつぎの10種類にわけています。

利子所得（りししょとく）

銀行などの預貯金（よちょきん）、公債（こうさい）（国債（こくさい）や地方債（ちほうさい））の利子（りし）など。

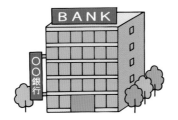

配当所得（はいとうしょとく）

株式（かぶしき）の配当金（はいとうきん）、投資信託（とうししんたく）の収益（しゅうえき）の分配など。

不動産所得（ふどうさんしょとく）

土地や建物を貸しつけたことでうけとる地代（じだい）や家賃（やちん）。

事業所得（じぎょうしょとく）

小売業やサービス業などの事業による利益（りえき）。

給与所得（きゅうよしょとく）

会社員の給料やボーナス。

退職所得（たいしょくしょとく）

会社などを退職（たいしょく）（やめること）したときにうけとる退職金（たいしょくきん）。

山林所得（さんりんしょとく）

山林（さんりん）の樹木（じゅもく）を伐採（ばっさい）して売却（ばいきゃく）したり、立木（たちき）のまま売却（ばいきゃく）したりしたときの利益（りえき）。

譲渡所得（じょうとしょとく）

土地・建物・ゴルフ会員権（かいいんけん）などの資産（しさん）を売却（ばいきゃく）したときの利益（りえき）。

一時所得（いちじしょとく）

懸賞（けんしょう）や福引（ふくびき）の賞金、競馬（けいば）や競輪（けいりん）の払戻金（はらいもどしきん）、保険（ほけん）の返戻（へんれい）一時金など。

雑所得（ざっしょとく）

9種類のどれにもあてはまらない所得（しょとく）。年金（ねんきん）など。

※所得税（しょとくぜい）の計算では、さまざまな所得（しょとく）を総合（そうごう）して計算する方法（総合課税（そうごうかぜい））を原則（げんそく）としていますが、個別（こべつ）に計算する方法（分離課税（ぶんりかぜい））を採用（さいよう）する所得（しょとく）もあります。

所得税を公平に集めるための仕組み

累進課税

税額を計算する基準になる金額が大きいほど、より高い税率がかかる仕組みを累進課税といいます。所得税の累進課税では、課税所得金額におうじて5～45％まで、7段階の税率（▶p.20）がもうけられています。

累進課税は、所得の少ない人の税金の負担を少なくする一方で、所得の多い人には税金を多く負担してもらうことにより、できるだけ公平になるように考えられた仕組みです。累進課税は、所得の再分配という税金の役割（▶p.15）の一部もになっています。

所得控除

おなじ給料をもらっている人であっても、家族構成や健康状態などの事情によって、必要となる生活費には

ちがいがあります。たとえば、子どものいる家庭といない家庭、大きな病気をした年としなかった年では、かかる費用がずいぶんちがいます。生活に必要な費用は、家庭ごと、年ごとなどでちがうので、そういった事情を考慮しないで税金を課すのは公平とはいえません。税金の負担が重すぎて、生活が苦しくなる人がいるかもしれません。

そこで、なるべく公平に税金を集めるために、所得税には所得控除という仕組みが導入されています。「控除」とは、金額をさしひくという意味で、税金の負担が軽減されます。これには、だれにでも適用される基礎控除のほか、申し出ることで適用される配偶者控除、医療費控除などがあります。

所得税のおさめかた

会社から給料をもらう会社員と、事業をいとなんで収入をえる自営業者では、所得税や住民税など、おもな税金のおさめかたにちがいがあります。

会社員

毎月の給料をもとに、会社が税額を計算して、税金を税務署へおさめる。

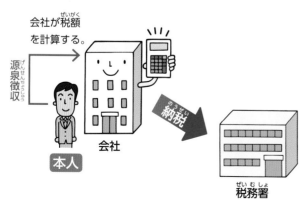

自営業者

1年に1回、本人が税額を計算して申告書類を作成し、税金を税務署へおさめる。

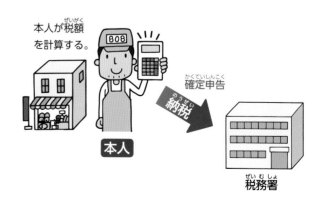

税金解説 住民税（じゅうみんぜい）

地方税　直接税

住民税（じゅうみんぜい）は、地方税のひとつです。地方税全体の約4割（令和元年度予算）をしめるだいじな税金です。地方公共団体の行政サービスにかかる費用をまかなうために、直接税として課されます。住民税は、住民がおさめる税金であることから、人口の多い少ないによって、地方公共団体ごとの税収に大きな差がでる傾向にあります。

個人がおさめる住民税には、都道府県におさめる都道府県民税と、市区町村におさめる市区町村民税があり、たんに住民税といえば、両方をあわせたものをさします。

住民税の計算方法には所得割と均等割の2種類があり、その合計が税額になります。所得割は前年の所得（課税所得金額）におうじて課税され、税率は10％です。均等割は、すべての人に等しくかかる金額です。所得が一定額以下の人や特別な条件にあてはまる人には、住民税が課されません。

会社員の場合、毎月の給料から住民税がさしひかれ、会社がかわりに納付します。自営業者などの場合、役所からとどいた納税通知書にしたがって期限内に納付します。

また、会社や団体などの法人も住民税をおさめる必要があります。個人に課されるものを個人住民税、法人に課されるものを法人住民税とよぶこともあります。

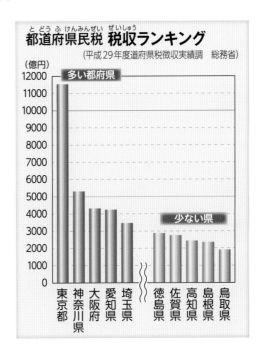

都道府県民税 税収ランキング

（平成29年度道府県税徴収実績調　総務省）

（億円）

多い都府県：東京都、神奈川県、大阪府、愛知県、埼玉県
少ない県：徳島県、佐賀県、高知県、島根県、鳥取県

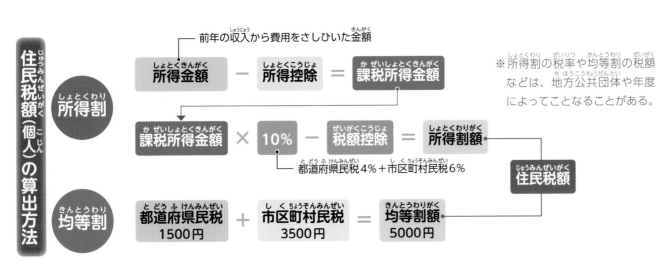

住民税額（個人）の算出方法

前年の収入から費用をさしひいた金額

所得割（しょとくわり）

所得金額 － 所得控除 ＝ 課税所得金額

課税所得金額 × 10％ － 税額控除 ＝ 所得割額

都道府県民税4％＋市区町村民税6％

均等割（きんとうわり）

都道府県民税 1500円 ＋ 市区町村民税 3500円 ＝ 均等割額 5000円

住民税額 ＝ 所得割額 ＋ 均等割額

※所得割の税率や均等割の税額などは、地方公共団体や年度によってことなることがある。

法人（ほうじん）とは、株式会社、合同会社、医療法人、相互会社、農業協同組合などの会社や組織のことをいいます。法人は、個人のような「人」ではありませんが、人のようにあつかうことで権利や義務があたえられています。

法人税（ほうじんぜい）は、法人の各事業年度の所得にかかる直接税であり、国税のひとつです。法人がえた収入から、原材料費や人件費などの費用をさしひいた所得（課税所得）に税率をかけて、法人税の税額がもとめられます。法人税の税率は、会社の規模や法人の区分などによってわけられていて、所得税のように累進課税は採用されていません。

課税所得がマイナス（赤字）の場合、つまり、収入よりも費用が多くかかって、損失が生じた場合には、法人税をおさめる必要はありません。また、控除できるものがあれば税額からさしひき、税金を少なくすることができます。

法人税の対象となる法人の例

株式会社（かぶしきがいしゃ）	企業組合（きぎょうくみあい）
有限会社（ゆうげんがいしゃ）	日本銀行（にほんぎんこう）
合名会社（ごうめいがいしゃ）	農業協同組合（のうぎょうきょうどうくみあい）
合資会社（ごうしがいしゃ）	漁業協同組合（ぎょぎょうきょうどうくみあい）
合同会社（ごうどうがいしゃ）	信用金庫（しんようきんこ）
医療法人（いりょうほうじん）	労働者協同組合（ろうどうしゃきょうどうくみあい）
相互会社（そうごがいしゃ）	

法人税額の算出方法

課税所得： 収入金額 － 費用 ＝ 課税所得金額

法人税額： 課税所得金額 × 税率 ＝ 法人税額

法人がおさめるおもな税金

税金の名前	説 明
法人税（国税）	法人の所得に課される税金。
法人住民税（地方税）	法人の所在地のある地方公共団体から課される税金。
法人事業税（地方税）	法人の事業に課される税金。
消費税（国税・地方税）	商品を購入したときや、サービスの提供をうけたときに課される税金。
印紙税（国税）	契約書などの書類に課される税金。書類に印紙をはることで納付する。

法人税の税率

（2020年1月現在）

	課税所得金額	標準税率
資本金が1億円以下の法人	800万円以下の部分	19%
	800万円をこえる部分	23.2%
資本金が1億円をこえる法人		23.2%

法人が商品などを購入した場合、法人は担税者（税金を負担する者）となり、代金とともに消費税を購入先へ払う。
法人が商品などを販売した場合、法人は納税者となり、購入者からあずかった消費税を税務署に納付する。

税金解説 消費税（しょうひぜい）

 国税（こくぜい） 地方税（ちほうぜい） 間接税（かんせつぜい）

消費税（しょうひぜい）は、商品の販売（はんばい）やサービスの提供（ていきょう）において対価（たいか）（代金（だいきん）や報酬（ほうしゅう）など）をともなう場合にかかる税金（ぜいきん）です。買い物をしたり、タクシーに乗ったりするたびに消費税（しょうひぜい）を支払う（しはら）ことになるので、わたしたちにとって、もっとも身近（みぢか）な税金（ぜいきん）といえるでしょう。

消費税（しょうひぜい）を負担（ふたん）する担税者（たんぜいしゃ）はわたしたち消費者（しょうひしゃ）です。商店や法人（ほうじん）などの事業者は納税者（のうぜいしゃ）として、担税者（たんぜいしゃ）からあずかった消費税（しょうひぜい）をまとめて税務署（ぜいむしょ）に納付（のうふ）します。担税者（たんぜいしゃ）と納税者（のうぜいしゃ）がちがうので、消費税（しょうひぜい）は間接税（かんせつぜい）に分類されます。

ひとことで「消費税率（しょうひぜいりつ）10%」といいますが、国税（こくぜい）の消費税（しょうひぜい）7.8%と、地方税（ちほうぜい）の地方消費税（ちほうしょうひぜい）2.2%をあわせた税率（ぜいりつ）です。商品を購入（こうにゅう）するときには、商品の価格（かかく）の10%にあたる金額（きんがく）をくわえて、お店に支払う（しはら）必要があります。ただし、軽減税率（けいげんぜいりつ）（▶p.26）が適用（てきよう）される場

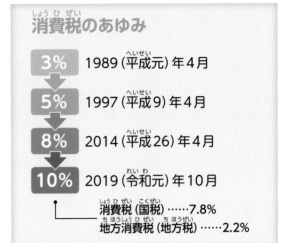

消費税（しょうひぜい）のあゆみ

3% → 1989（平成元（へいせいがん））年4月
5% → 1997（平成（へいせい）9）年4月
8% → 2014（平成（へいせい）26）年4月
10% → 2019（令和元（れいわがん））年10月

消費税（しょうひぜい）（国税（こくぜい））……7.8%
地方消費税（ちほうしょうひぜい）（地方税（ちほうぜい））……2.2%

合の税率（ぜいりつ）は8%になります。

消費税（しょうひぜい）は、所得（しょとく）や資産（しさん）の多い少ないや、性別（べつ）・年齢（ねんれい）のちがいなどに関係なく、だれもがおなじ税率（ぜいりつ）で負担（ふたん）する税金（ぜいきん）です。きわめて平等（びょうどう）な税金（ぜいきん）といえますが、食料品や生活必需品（ひつじゅひん）などをふくむほとんどの商品やサービスに課税（かぜい）されるので、所得（しょとく）の低い人ほど負担（ふたん）を感じるという側面があります。

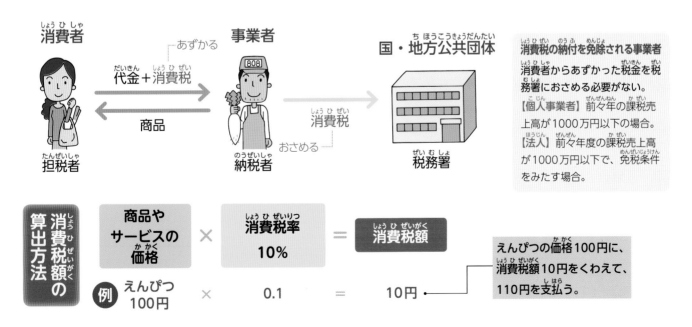

消費者（しょうひしゃ） ─あずかる→ 事業者 ─→ 国・地方公共団体（ちほうこうきょうだんたい）

代金（だいきん）＋消費税（しょうひぜい） →
← 商品

消費税（しょうひぜい） →
おさめる

担税者（たんぜいしゃ）　納税者（のうぜいしゃ）　税務署（ぜいむしょ）

消費税（しょうひぜい）の納付（のうふ）を免除（めんじょ）される事業者
消費者（しょうひしゃ）からあずかった税金（ぜいきん）を税務署（ぜいむしょ）におさめる必要がない。
【個人事業者（こじんじぎょうしゃ）】前々年（ぜんぜんねん）の課税売上高（かぜいうりあげだか）が1000万円以下の場合。
【法人（ほうじん）】前々年度（ぜんぜんねんど）の課税売上高（かぜいうりあげだか）が1000万円以下で、免税条件（めんぜいじょうけん）をみたす場合。

消費税額（しょうひぜいがく）の算出方法（さんしゅつほうほう）

商品やサービスの価格（かかく）	×	消費税率（しょうひぜいりつ）10%	＝	消費税額（しょうひぜいがく）
例　えんぴつ 100円	×	0.1	＝	10円

えんぴつの価格（かかく）100円に、消費税額（しょうひぜいがく）10円をくわえて、110円を支払う（しはら）。

消費税は何に使われる？

消費税は、使い道のきめられた税金です。消費税法で、年金・医療・介護の社会保障および少子化対策の経費にあてるとさだめられています。具体的には、老後にうけとる年金、病院や薬などにかかる医療費、高齢者や障害者の介護、養育費の支給や保育施設の拡充といった、子ども・子育て支援の財源として使われます。

国と地方公共団体の消費税収入は、全額が社会保障などにあてられますが、消費税だけでは、社会保障で必要とする費用をまかないきれません。そのため、国は、国債（▶p.38）を発行して国民からお金を集め、不足する財源にあてています。

消費税がかかる取引、かからない取引は？

すべての取引に消費税がかかるのではありません。課税されるのは、①国内でおこなう取引、②事業者が事業としておこなう取引、③対価をえておこなう取引、④資産の譲渡や貸付または労働の提供です。たとえば、①日本で、②鮮魚店が商売として、③代金をうけとり、④魚を販売するような場合がこれにあたります。4つの要件にあてはまっていても、消費税という税金の性質や目的になじまないもの（右の例）には課税されません。

なお、消費税は国内での消費を前提としているので、海外で消費するものについては、消費税が免除されます。これを利用した免税品店では、日本に住んでいない人（外国人旅行者など）に対し、消費税をうけとらずに商品を販売しています。

消費税が課税されない例
▶ 切手、印紙、商品券、プリペイドカードなど
▶ 文書の交付など、役所がおこなう事務
▶ 白杖や点字器、義肢など、障害者のための物品
▶ 学校教育、教科書
▶ アパートや戸建て家屋など、住宅の貸付
▶ 土地の譲渡や貸付
▶ 預貯金や貸付金の利子
▶ 給料
▶ 寄付金、祝金、見舞金、補助金

8％の軽減税率が適用されるのは？

消費税の標準税率は10％ですが、一定の条件をみたしたときには税率を低くした8％が適用されます。これが軽減税率です。

軽減税率の対象となるのは、飲食料品（飲み物と食べ物）と新聞です。飲食料品のうち、店外にもちだすテイクアウト、家などに配達する宅配・出前には軽減税率が適用されます。外食とケータリング★1、酒類には適用されません。外食は、飲食設備のある場所（机やいすなど）で飲食する場合です。新聞については、週2回以上発行され、定期購読契約をかわしたものに適用されます。

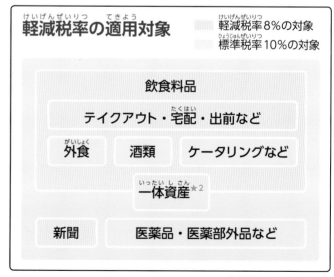

軽減税率の適用対象

軽減税率8％の対象
標準税率10％の対象

飲食料品
テイクアウト・宅配・出前など
外食 ／ 酒類 ／ ケータリングなど
一体資産★2
新聞 ／ 医薬品・医薬部外品など

★1……お客さんの指定する場所にでむいて調理・配膳・提供などをするサービス。有料老人ホームなどでのサービスは軽減税率の対象。
★2……おもちゃつきのお菓子のように、「食品」と「食品以外」の部分が一体となっているもので、一体の価格で販売されているもの。税抜き価格が1万円以下であって、食品の価格のしめる割合が3分の2以上の場合、全体が軽減税率の対象となる。それ以外は標準税率。

消費税率クイズ （こたえはp.32）

イラストにえがかれた①〜⑭の商品について、消費税がどうなるか、A・B・Cのいずれかでこたえてください。お店の種類や買ったもの、食べている場所などに注意しましょう。

A 標準税率10%がかかる
B 軽減税率8%がかかる
C 消費税はかからない

※2020年1月現在の消費税のルールにしたがっています。

① 店内で売っている新聞
② 店内で食べているアイス
③ コンビニで買って、持ち帰るジュース
④ 映画の鑑賞チケット
⑤ 映画館の座席で飲むアイスコーヒー
⑥ 持ち帰りのハンバーガー
⑦ 店内飲食のハンバーガー
⑧ ペットとして販売しているイヌ
⑨ 家に配達してもらうピザ
⑩ 封筒にはった切手（郵便料金）
⑪ お店で買ったアイス
⑫ 自動販売機で買ったコーラ
⑬ 自動販売機で買ったビール
⑭ 購入した切手

27

国税（こくぜい）／直接税（ちょくせつぜい）

人が亡くなったとき、その人（故人）の財産や権利などの遺産はだれかにうけつがれます。うけつぐことを相続（遺産相続）といい、うけついだ人を相続人といいます。一般には、家族などの親族が相続人になります。

相続した遺産に、土地や建物などの不動産、現金や預金、有価証券、貴金属などがあった場合、その金銭的価値におうじて、相続税法でさだめた相続税が課されます。葬式などにかかった費用はあらかじめさしひかれ、基礎控除後の課税金額におうじて、10〜55％の8段階の累進税率により課税されます。

遺産にはマイナスになるもの（借金など）もあります。マイナスが多すぎて、相続人が損失をこうむるようであれば、家庭裁判所に申請して、すべての遺産の相続を放棄することができます。

だれにどれだけの遺産を相続させるか、生前に遺言書や契約書を作成して指示することができます。それ以外の場合には、相続人同士の話し合いによる分割や、法律（民法）にさだめる相続割合にしたがい、相続人に分割して相続されます。

遺産を相続した場合、相続人は働かずに財産をえたことになります。これに対して、所得税を課すことはできません。そのままでは資産家に富が集中してしまいます。経済的にゆたかな人とそうでない人の差が拡大してしまうので、相続税を課すことで所得税をおぎない、所得（富）の再分配（▶p.15）という役割にもなっているのです。

国税（こくぜい）／直接税（ちょくせつぜい）

贈与とは、個人が個人に金銭などの財産をあたえることです。一定額以上をうけとった人に贈与税が課されます。贈与と相続は性質が近く、どちらも相続税法によって規定されています。

贈与は、財産をあたえる人も、うけとる人も生きているうちであって、贈与について、おたがいの意思を確認することで成立します。

贈与税の課税方法には2種類あります。ひとつは暦年課税で、年間110万円の基礎控除があり、それをこえる贈与をうけた人に対し、そのこえた金額に10〜55％まで8段階の累進税率により課税されます。もうひとつは相続時精算課税で、

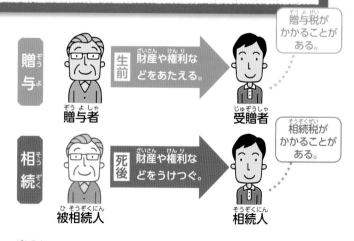

贈与税がかかることがある。

相続税がかかることがある。

贈与：贈与者（そうよしゃ）→ 生前 財産や権利などをあたえる。→ 受贈者（じゅぞうしゃ）

相続：被相続人（ひそうぞくにん）→ 死後 財産や権利などをうけつぐ。→ 相続人（そうぞくにん）

原則2500万円の特別控除があり、それをこえる贈与をうけた人に対し、そのこえた金額に一律20％の税率で課され、相続が発生したときに贈与した財産を相続税の計算にふくめます。

税金解説　その他の税金

たばこ税 [国税] [地方税] [間接税]

たばこ税／都道府県たばこ税／
市区町村たばこ税／たばこ特別税

　たばこの税率は高く、たばこ本体の価格以上の税金がかかっています。

　たばこは飲食料品ではないので、購入するときには10％の消費税が必要です。それ以外の税金が一般に「たばこ税」とよばれるもので、国税のたばこ税とたばこ特別税、地方税の都道府県たばこ税と市区町村たばこ税があります。

　たばこの価格には、これらの税金がふくまれています。たばこ1箱を490円とした場合、金額で約310円、割合では約63％が税金にあたります。

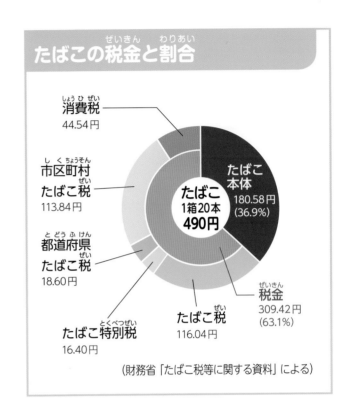

たばこの税金と割合

- 消費税 44.54円
- 市区町村たばこ税 113.84円
- 都道府県たばこ税 18.60円
- たばこ特別税 16.40円
- たばこ税 116.04円
- たばこ本体 180.58円（36.9％）
- 税金 309.42円（63.1％）
- たばこ1箱20本 490円

（財務省「たばこ税等に関する資料」による）

酒税 [国税] [間接税]

　酒類にかかる酒税は、国税・間接税に分類されます。酒類は1度以上のアルコールをふくむ飲料で、ビールや清酒（日本酒）、ワイン、ウイスキー、焼酎などがあります。種類によって課税される税率にちがいがあるので、ここではビールについて説明します。

　350mL入り缶ビールの税込み価格が220円の場合、そのうち77円が酒税です。酒類は消費税の軽減税率（▶p.26）の対象ではないので、消費税率は10％です。酒税と消費税をあわせると97円、割合で約44％が税金になります。

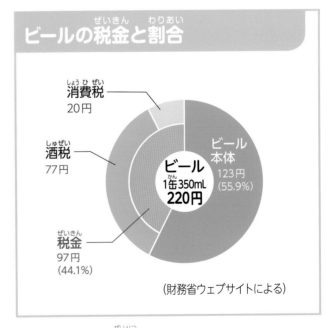

ビールの税金と割合

- 消費税 20円
- 酒税 77円
- 税金 97円（44.1％）
- ビール本体 123円（55.9％）
- ビール1缶350mL 220円

（財務省ウェブサイトによる）

※酒類の税率は2020年10月から2026年にかけて改正される予定。そのうち、ビールの酒税は77円から55円に引き下げられることになっている。

関税 〔国税〕〔間接税〕

日本に輸入される物品に対して課される税金が関税です。輸入品に税金をかけると、国税の税収の増加につながりますが、関税のだいじな目的は国内産業の保護です。たとえば、外国から価格の安い牛肉が輸入されると、国産の高い牛肉は価格競争にまけて売れなくなり、畜産農家は経営がきびしくなります。米や木材、自動車、鉄鋼など、ほかの分野でも、輸入品によって国内産業が痛手をうけることがあります。

そこで、輸入品に税金をかけて価格を高くし、国産品を優位にするために関税が利用されます。しかし、関税は、経済や貿易の自由化に相反するともいえ、今日の世界の流れに逆行する面もあります。

世界経済は自由化の方向にすすんでいて、二国間（日本とアメリカなど）や複数の国とのあいだで貿易上の問題が話しあわれています。たとえば、TPP（環太平洋パートナーシップ協定）は、日本やシンガポール、カナダ、オーストラリアなど、太平洋をとりまく複数の国々による経済自由化を目的とした協定です。その会議では、関税の撤廃や関税率を段階的に引き下げるなど、自由化にむけた多角的な交渉がおこなわれています。

印紙税 〔国税〕〔間接税〕

印紙は、金銭の受け取りを証明する領収書、不動産取引などの契約書など、さまざまな書類にはりつける小さな証票です。政府は、印紙を買わせるかたちで印紙税を集め、役所の事務手数料などの支払いにあてています。

印紙税の納付方法は特殊です。きめられた金額の収入印紙を購入して書類にはりつけ、印鑑（はんこ）を押すことで、書類に必要な印紙税を納付したことの証明になります。収入印紙は1円から10万円まで31種類あり、法務局やその出張所、郵便局、コンビニなどで購入できます。

50円、100円、200円の収入印紙。周囲にギザギザがあって切手のようにみえるが、郵便には使えない。

収入印紙をはった領収書。領収書の場合、受取金額が5万円以上であれば収入印紙をはらなければならない。受取金額によって印紙税額はかわる。

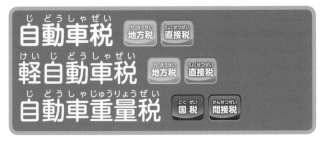

自動車を所有していると、いくつかの税金が課されます。

自動車税と軽自動車税は、購入した人や、毎年4月1日時点の所有者に課される税金です。地方

税に分類され、自動車税は都道府県、軽自動車税は市町村に納付します。税額は、購入時は環境性能によってちがい、それ以降は車の種類や排気量、用途などによってちがいます。

自動車重量税は、自動車の重さに対して課される税金で、重くなればなるほど税額が高くなります。新車購入時には3年分を納付するなど、特殊な納付方法が採用されています。

固定資産税★1は、土地や建物（住宅、工場、事務所など）、事業で使用する機械や構築物などの固定資産にかかる税金です。毎年1月1日時点の所有者に対し、定率で課税されます。

不動産取得税は、固定資産のうちの土地や建物、構築物といった不動産にかかる税金です。その名前のとおり、不動産を取得したときに一度だけ課税されます。

税金はこれくらいかかります

住まいのことなら当社におまかせ！

どちらの税金も地方税に分類されますが、固定資産税は市町村（東京都23区は東京都）に納付し、不動産取得税は都道府県に納付します。

入湯税／ゴルフ場利用税

入湯税は、温泉（鉱泉）の浴場を利用したときにかかる税金で、観光施設の整備や観光振興などにあてられます。

税額はひとり1日で150円ですが、12歳未満の子どもは免除されます。温泉宿などに宿泊した場合には、温泉に入浴してもしなくても払う必要があります。

ゴルフ場利用税は、ゴルフ場でプレーする人に課される税金です。税額は800～1200円のあいだで、都道府県がきめています。18歳未満の人や高齢者、障害者は非課税です。ゴルフはほかのスポーツよりも費用がかかるため、一種のぜいたく税と考えられています。

★1…市街化区域に指定された場所に土地や建物を所有している場合には、ほかに都市計画税も課税されることがある。

【第1問】 **B**

国税を66兆円、東京スカイツリーの建設費を400億円として計算する。

66兆円＝660,000億円 　　 660,000（億円）÷400（億円）＝1650

【第2問】 **C**

国税を66兆円、東京スカイツリーの高さを634mとして計算する。

1万円札を1枚ずつかさねた場合、百万円（100枚）で約1cmになる。100倍の1億円（10,000枚）で100cm（1m）、さらにその10,000倍の1兆円（100,000,000枚）で1,000,000cm（10,000m）。

66（兆円）×10,000（m）＝660,000（m） 　　 660,000（m）÷634（m）＝1041.009…→約1040

●コンビニ

①店内で売っている新聞……**A**
定期購読をしているわけではないので、軽減税率ではなく、標準税率が適用される。

②店内で食べているアイス……**A**
店内飲食は外食にあたり、標準税率が適用される。

③コンビニで買って、持ち帰るジュース……**B**
テイクアウトには軽減税率が適用される。

●映画館

④映画の鑑賞チケット……**A**
飲食料品・新聞ではないので、標準税率が適用される。

⑤映画館の座席で飲むアイスコーヒー……**B**
座席は映画をみるための場所であって飲食設備ではない。テイクアウトと判断して軽減税率が適用される。

●ハンバーガーショップ

⑥持ち帰りのハンバーガー……**B**
テイクアウトには軽減税率が適用される。

⑦店内飲食のハンバーガー……**A**
店内飲食は外食にあたり、標準税率が適用される。

●ペットショップ

⑧ペットとして販売しているイヌ……**A**
飲食料品・新聞ではないので、標準税率が適用される。

●ピザ店

⑨家に配達してもらうピザ……**B**
飲食品の宅配（出前・デリバリー）にあたり、軽減税率が適用される。

●郵便ポスト

⑩封筒にはった切手（郵便料金）……**A**
切手は、買ったときには非課税だが、郵便料金として使うときには課税され、標準税率が適用される。

●ベンチ

⑪お店で買ったアイス……**B**
テイクアウトにあたり、軽減税率が適用される。

●自動販売機

⑫自動販売機で買ったコーラ……**B**
テイクアウトにあたり、軽減税率が適用される。

⑬自動販売機で買ったビール……**A**
酒類には標準税率が適用される。

●郵便局

⑭購入した切手……**C**
切手は、郵便料金として使うときには標準税率が適用されるが、切手自体を買ったときには消費税がかからない。

お店での価格表示について

販売する商品の価格表示は、原則として消費税込みの総額表示になっています。
店内に飲食できる場所があるお店の場合、お金を支払うときに、店内飲食（外食）と伝えるか、持ち帰り（テイクアウト）と伝えるかによって、標準税率（10％）と軽減税率（8％）のどちらが適用されるかがきまります。

（例：300円の商品の場合）

| 店内飲食 | 330円 | ……消費税10％をふくんでいる |
| 持ち帰り | 324円 | ……消費税8％をふくんでいる |

このような価格表示が通常ですが、大手チェーン店などでは、店内飲食も持ち帰りもおなじ価格設定にしているところがあります。それは、店内飲食の本体価格を引き下げるなどして、消費税込み価格が同額になるように調整しているからです。

第2章
税金の
使い道と財政

まんが●はじめての財政

みんなのための
税金がたりない？

公園って
ひさしぶりー

にぎやかだねー

アユミ

ハジメ

税金マン

今日は、小さい子が
たくさんいるね！

そうだね

ところで、
日本の人口が
2005年ごろから
へりつづけてるって
知ってた？

え？
そうなの？

なんで人口が
へるの？

生まれる人の数が少なく
なっているからだよ

それって
よくないの？

少子高齢化が進むと
国の税金はふえないんだ

若い人が
少なくなって
お年寄りが多く
なることよ

ショウシ
コウレイカ…？

お年寄りの生活を
ささえる社会保障には
税金が使われて
いるから…

そーなの？

みんなの税金が
役立てられているのね

でも、働いて税金を負担していく
若者が少なくなっているから
問題なんだよ

問題って？

おさめる税金がふえないのに、費用はどんどんふえて税金がたりなくなっていく…

そんな！

どうすれば？

日本の未来をささえるためにも

きみたち若い世代が税金を正しく理解してほしいんだ

税金マンっていったい何者なの？

それにその胸のバッジ…

マントとおなじデザインだよね

うん、信頼のあかし…それがヒントかな

では…

また、どこかで！

いつでもどこでも

税金マン!!

未来はまかせたぞ！

ザッ

ドーン

さーらーばーだー

どこかへ行っちゃった

税金マンのポーズっていちいち微妙だったね

カッコはよくないね

税金マン…

ぼく、しっかり税金おさめるよー!!

ハジメはホントマジメだねぇ…

p.45へつづく

財政って、なんだろう？

政府（国・地方公共団体）は、わたしたち国民が健康で文化的な生活をおくれるように、教育や医療などのさまざまな公共サービスを提供しています。政府がそのための仕事をするにはたくさんのお金が必要で、税金は、その中心的な財源として集められ、また使われています。政府が税金を集めて管理したり、必要な事業やサービスのために使って支出したりすることを財政といいます。

国の財政は家の家計（▶p.13）と少し似ています。家にはいってくるお金は、お父さんやお母さんなどが会社からうけとった給料などです。国にはいってくるお金は、わたしたち個人や企業から集めた税金などです。家の

お金を家族のためにやりくりするのが家計で、国のお金を国民のためにやりくりするのが財政というわけです。

財政では、国が1年間にえる収入を歳入、1年間に使う支出を歳出といい、両者は同額になります（▶p.38〜39）。歳入と歳出の見積もりを予算といいます。つまり、国にはいってくるお金の予想と、その使い道の計画です。政府は、税収がどれくらいになるか、何にいくらかかるか、財源はどれくらい必要などを計算して予算を作成し、それにそって公共サービスなどを提供しています。

※この章では、おもに国の財政について説明しています。

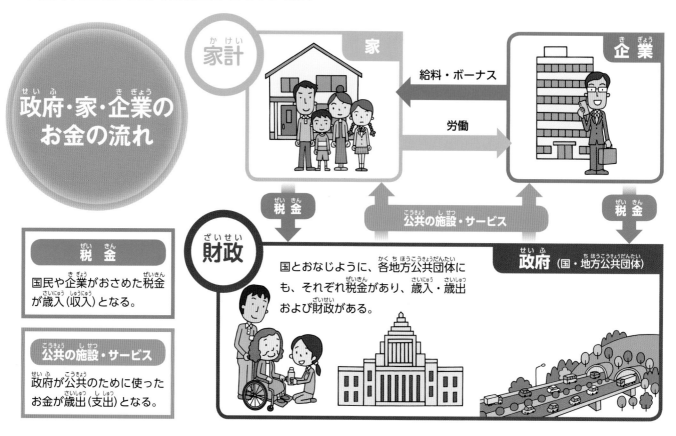

政府・家・企業のお金の流れ

家計　家　企業
給料・ボーナス
労働
税金
公共の施設・サービス
税金
財政
政府（国・地方公共団体）

国とおなじように、各地方公共団体にも、それぞれ税金があり、歳入・歳出および財政がある。

税金
国民や企業がおさめた税金が歳入（収入）となる。

公共の施設・サービス
政府が公共のために使ったお金が歳出（支出）となる。

国の予算がきまるまで

国では、4月1日から翌年3月31日までの1年間を年度としています。国の収入金額も支出金額も、年度によってちがうので、予算は年度ごとにたてられます。国の予算が成立するまでの流れをみてみましょう。

予算のスタートは前年です。まず、政府は、つぎの年度の予算の基本方針を内閣総理大臣と文部科学省、厚生労働省などの各省庁の大臣が出席する会議で決定します。それをもとに、各省庁が予算案（概算要求）をつくり、財務省へ提出します。

つぎに、財務省が概算要求を検討し、各省庁と相談しながら財務省の予算案（財務省原案）を作成して政府（内閣）へわたします。内閣は、財務省原案を検討し、政府の予算案（政府原案）として国会へ提出します。

国会では、予算委員会や本会議の場で政府原案を検討し、お金の使い道や金額が適切かどうかなどについて、国会議員たちが話しあいます。

日本の国会は、衆議院と参議院の二院制です。予算案は、最初に衆議院に提出されて審議・討論のあと、多数決による採決がおこなわれます。議決が賛成多数であれば、参議院でも同様の手続きがおこなわれ、そこでも賛成多数であれば予算が成立します。もし参議院で反対多数であった場合は、衆議院の議決が国会の議決とされます。

国の予算成立までの流れ

予算案作成の作業は実施年度の前年からはじまる。たとえば、「令和2年度予算」の場合、令和2年4月1日から令和3年3月31日が実施年度となり、前年の令和元年に予算案の作成作業にとりかかる。

政府
5月 政府が予算の基本方針を決定

各省庁
文部科学省　厚生労働省　国土交通省 など
～8月 概算要求
▶各省庁が1年間に必要な費用を算出し、予算案を提出。

財務省
9月～12月 財務省原案
▶各省庁の予算案を検討し、財務省の予算案として提出。

政府（内閣）
12月下旬 政府原案
▶財務省の予算案を検討し、政府の予算案として提出。

国会
衆議院 議決 ➡ 参議院 議決
1月～3月 予算成立

国会議事堂

国の予算には一般会計と特別会計の2つがあります。一般会計は国の中心となる会計で、社会保障や教育、公共事業、防衛などの基本的な支出がふくまれます。特別会計は特定の事業などのための会計で、空港や道路の整備、災害復興、国民年金などの支出がふくまれます。

2つの円グラフは、一般会計について、

令和元年度（2019年度）予算の歳入（左）と歳出（右）をあらわしたものです。総額はともに約101兆円です。

歳入をみると、税収がしめる割合はおよそ3分の2で、所得税・法人税・消費税の合計で歳入の約半分、税収の約8割をしめることがわかります。

また、歳入のおよそ3分の1をしめる公

国の歳入

一般会計
令和元年度（2019年度）
当初予算
臨時・特別の措置をふくむ

一般会計と特別会計

一般会計は大金をあつかう大きなさいふ、特別会計は必要におうじて使う小さなさいふにたとえられます。たんに「国の予算」といった場合には、一般会計のことをさします。2019年現在、13の特別会計がもうけられています。

- 東日本大震災復興特別会計
- 年金特別会計
- 食料安定供給特別会計
- 財政投融資特別会計　　　など

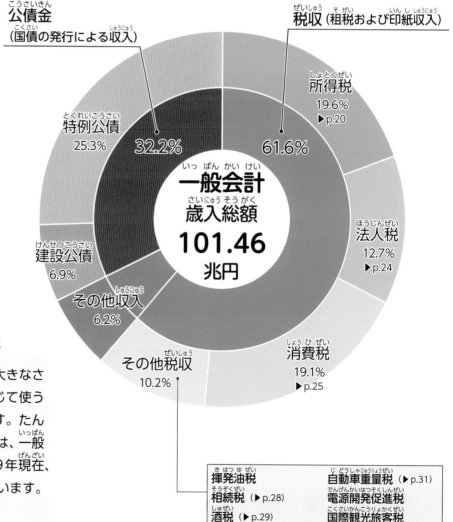

公債金
（国債の発行による収入）

税収（租税および印紙収入）

一般会計 歳入総額 101.46 兆円

- 特例公債 25.3%
- 32.2%（公債金）
- 所得税 19.6% ▶p.20
- 61.6%（税収）
- 法人税 12.7% ▶p.24
- 建設公債 6.9%
- その他収入 6.2%
- その他税収 10.2%
- 消費税 19.1% ▶p.25

揮発油税
相続税（▶p.28）
酒税（▶p.29）
関税（▶p.30）
たばこ税（▶p.29）
石油石炭税

自動車重量税（▶p.31）
電源開発促進税
国際観光旅客税
その他税収
印紙収入（▶p.30）

入と歳出

債金は国債のことで、いわば国の借金です。本来、各年度の歳出は、その年度の税収と税外収入でまかなうべきですが、実際には3分の2しかまかなえていません。日本の財政は、支出が収入を上まわる財政赤字の状態にあるため、不足するお金を国が新たに借金をする方法でささえているのです。

歳出をみると、およそ4分の1は国債費です。これは、過去に国がつくった借金の返済と利息の支払いにあたり、ばく大なお金がついやされています。

この国債費と社会保障費は年々増加していますが、その他の政策的な経費（公共事業費や文教・科学振興費など）は年々減少しています。

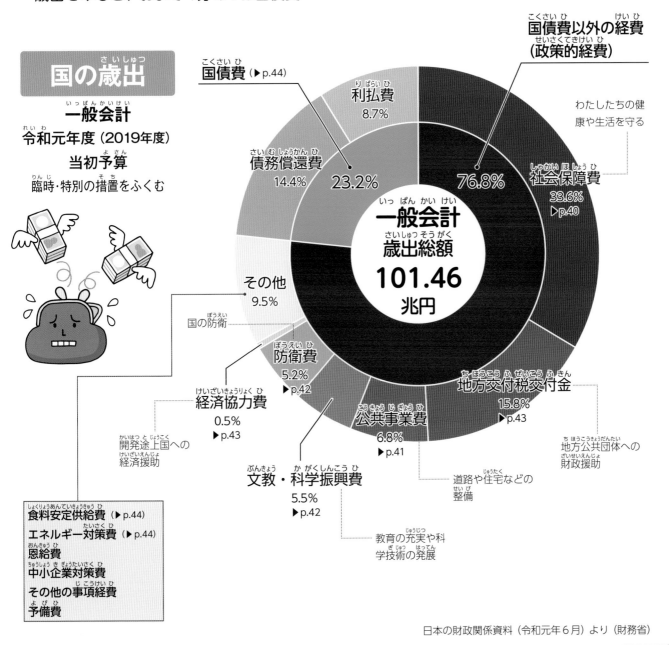

国の歳出

一般会計
令和元年度（2019年度）
当初予算
臨時・特別の措置をふくむ

国債費 (▶p.44)

利払費
8.7%

国債費以外の経費
（政策的経費）

わたしたちの健康や生活を守る

債務償還費
14.4%

23.2%

76.8%

社会保障費
33.6%
▶p.40

一般会計
歳出総額
101.46
兆円

その他
9.5%

国の防衛

防衛費
5.2%
▶p.42

経済協力費
0.5%
▶p.43

開発途上国への経済援助

地方交付税交付金
15.8%
▶p.43

地方公共団体への財政援助

公共事業費
6.8%
▶p.41

道路や住宅などの整備

文教・科学振興費
5.5%
▶p.42

教育の充実や科学技術の発展

食料安定供給費 (▶p.44)
エネルギー対策費 (▶p.44)
恩給費
中小企業対策費
その他の事項経費
予備費

日本の財政関係資料（令和元年6月）より（財務省）

国の歳出をみてみよう

国の歳出には、集めた税金の使い道や政府がすすめる政策などが反映されています。おもな歳出ごとに、どのようなことに使われているか、みていきましょう。

社会保障費

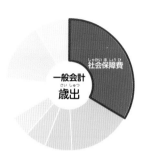

憲法（日本国憲法）は、わたしたち国民は「健康で文化的な最低限度の生活をいとなむ権利」があるとさだめています。一生のうちには病気やけが、出産、失業などを経験することがありますが、どんなときでも安定した生活がおくれるように、国は国民のためにお金を支出します。その費用が社会保障費で、医療、年金、介護、生活保護、子ども・子育てなどにあてられます。

病気やけがで病院にかかったり、調剤薬局で薬を処方されたときに、自己負担が少なくなるように支援。

高齢者に支払うための年金の一部を国が負担することで、老後の安定した生活を支援。

医療

年金

介護

生活保護

子ども・子育て

高齢によって手助けが必要な状態になったときに、介護サービスをうけられるように支援。

保育所を建設したり、子育てにあてるための資金を支給したりして、安心して子どもを育てられるように支援。

病気にかかったり、体に障害があったりして働けない人などに生活費を支給して、生活ができるように支援。

医療、年金、介護などの社会保障にかかる費用は、毎月の個人負担と事業者負担による保険料でまかなうのが基本です。しかし、それだけではたりないので、国の税金もあてているのが現実です。

超高齢社会★とよばれる現在、社会保障費は年々増加しています。一方で、少子化と人口減少がすすみ、保険料収入が増加することは期待できません。社会保障給付費のおよそ4割に税金があてられていて、税金でまかなう金額は今後もふえていくことが予想されます。ほかの財政支出をへらしたり、増税によって税収をふやしたりしなければ、将来にわたって、現在の社会保障の水準をたもつことはむずかしい状況です。

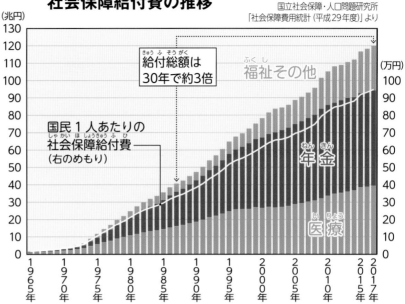

社会保障給付費の推移

国立社会保障・人口問題研究所「社会保障費用統計（平成29年度）」より

給付総額は30年で約3倍

福祉その他　年金　医療

国民1人あたりの社会保障給付費（右のめもり）

2017年の給付費総額は約120兆円。30年前にくらべて約3倍にふくらんでいる。国民1人あたりで、年間約95万円が社会保障に支出されていることになる。

公共事業費

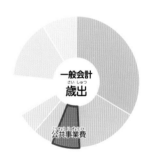

公共事業費は、国民生活や社会活動、国土の保全の基盤となる施設の建設や整備などにかかる費用です。公共事業は、わたしたち個人や一般企業では運営がむずかしいような大規模なものが多く、国や地方公共団体が多くのお金を使って整備しています。具体的には、道路や河川、ダム、空港、港湾、公園、住宅、下水道などです。

一般会計歳出　公共事業費

ダム

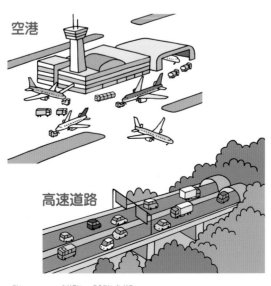
空港

高速道路

大規模な橋

★超高齢社会……人口に対する高齢者（65歳以上）の割合を高齢化率といい、それが21％以上である社会。日本は2007年に超高齢社会になったといわれている。

41

文教・科学振興費

文教とは、文化・教育のことです。憲法に「すべて国民は、法律のさだめるところにより、その能力におうじて、等しく教育をうける権利を有する」とあり、また、義務教育は無償（無料）とすることがさだめられています。

小学校・中学校は義務教育とされ、学校で使用する教科書や公立学校の授業料は無料です。無料であるのは、文教費として税金が使われているからです。私立学校の場合、授業料は有料ですが、一部は補助金というかたちで税金があてられています。高等学校（高校）の授業については、公立学校では無料、私立学校では支援金のかたちで補助されます（所得制限あり）。

文教費には、先生の給料の一部や、校舎の改築費、実験器具・体育用具の購入費、体育館・プールの建設費など、教育にかかわるさまざまな費用

もふくまれています。

また、科学振興費には、宇宙に人工衛星をとばすためのロケット開発や、エネルギー技術・防災技術の開発など、科学技術の発展のための費用がふくまれます。

防　衛　費

戦争がおこったときや、台風や地震などによって災害が発生したとき、日本の国民や領土を守るために自衛隊が出動します。自衛隊は、日本の平和と独立を守り、安全をたもつために、わが国を防衛することをおもな任務とする防衛組織です。

憲法は、戦争放棄と戦力を保持しないことをさだめています。そのため、日本には、他国にあるような軍隊は存在しませんが、かわりとして自衛隊が組織されています。自衛隊は、陸上自衛隊、航空自衛隊、海上自衛隊の３部隊で構成され、防衛省の管理下にあります。自衛隊の運営のために使われるのが防衛費です。

防衛費には、自衛隊員の給料や食費、戦闘機や艦船の購入費、燃料費、基地対策費などがふくま

れます。日本にはアメリカ軍の基地があり、日本が負担する費用は基地対策費にふくんで、防衛費からまかなわれています。

地方交付税交付金

地方公共団体の税収額は住民や企業の数、人口構成や産業の状況などによってちがいます。人や企業がたくさん集まって、多くの税収がみこめるところがある一方、若者が都会にでていって高齢化がすすみ、税収の少ないところもあります。

警察や消防、ごみ収集などの公共サービスは、全国のどの地域の人でも一定の水準でうけられる必要がありますが、地方公共団体の財源だけでは十分に費用をまかなえないところがあります。そのため、国は、国税の一部を地方交付税交付金という名目で、地方公共団体に支出しています。地方交付税交付金は、東京都をのぞくすべての道府県に配分されています。

国と地方公共団体の役割のちがい

行政については、国と地方公共団体で役割分担があります。社会保障や防衛など、日本全体にかかわる仕事は国が担当しています。地域の仕事は市区町村が担当し、いくつもの地域にまたがる仕事は都道府県が担当しています。地方交付税交付金は、道府県・市町村が担当する仕事にかかる費用にあてられます。

| | 国 | 地方公共団体 | |
		都道府県	市町村
公共資本	高速自動車道、国道、一級河川	国道（国管理以外）、都道府県道、一級河川（国管理以外）、二級河川、港湾、公営住宅、市街化区域・調整区域決定	都市計画など（用途地域・都市施設）、市町村道、準用河川、港湾、公営住宅、下水道
教育	大学、私学助成（大学）	高等学校・特別支援学校、小学校・中学校教員の給与・人事、私学助成（幼稚園〜高等学校）、公立大学（特定の県）	幼稚園・小学校・中学校
福祉	社会保険、医師などの免許、医薬品許可免許	生活保護（町村の区域）、児童福祉、保健所	生活保護（市の区域）、児童福祉、国民健康保険、介護保険、上水道、ごみ・し尿処理、保健所（特定の市）
その他	防衛、外交、通貨	警察、職業訓練	戸籍、住民基本台帳、消防

地方財政関係資料・地方財政の果たす役割「国と地方との行政事務の分担」（総務省）より

経済協力費

世界には、貧困や飢えに苦しんでいる人がたくさんいます。十分な食料や清潔な水が手にはいらない人も多く、そうした生活環境を改善するためには国際社会が協力して援助する必要があります。

日本は、経済協力費を開発途上国への資金援助にあてることで、橋や道路の整備、医療や教育の充実に貢献しています。

また、日本は、政府開発援助（ODA★）として、開発途上国の経済的・社会的な開発や、福祉の向上などのために、直接または国際機関をとおして、資金の無償提供や技術協力などをおこなっています。　★ODA……Official Development Assistanceの略。

国 債 費

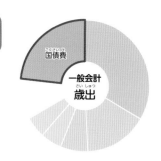

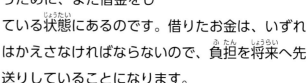

一般会計
歳出

国債費

歳出のおよそ4分の1をしめるのが国債費です。国は、国債とよばれる債権を国民や金融機関に買ってもらうことでお金を集めています。国債は借金といえるもので、その借金の返済にあてるために、毎年たくさんの費用が必要になっています。

わたしたちが金融機関などからお金を借りると、利子を払わなければなりません。国もおなじで、多額の利子（利払費）を払っています。日本の財政は、借金の利子を支払うために、また借金をしている状態にあるのです。借りたお金は、いずれはかえさなければならないので、負担を将来へ先送りしていることになります。

食料安定供給費

日本の農家の経営を安定させるとともに、品質のよい農産物を各家庭に安定的にとどけたり、農業の生産性を高めたりするための支出です。

天候不良などの原因で、特定の農作物の収穫量がへったり、農家の収入が少なくなったりした場合に、交付金を支給することがあります。主食になる米や麦については、国民が必要とする量や販売される価格を安定させるために、政府が買い入れや売り渡しなどの事業をおこなっています。

エネルギー対策費

省エネルギーや再生可能エネルギーの導入と技術開発や、国内資源の開発、石油・天然ガスなどを安定的に供給するための調査研究、安全で安定的な電力供給の確保、原子力防災体制の維持などのための支出です。

日本のエネルギー自給率は約1割（2017年）と低く、多くを海外からの輸入にたよっています。とくに石油・石炭・天然ガス（LNG）については、ほぼ100%を海外に依存しています。

資源の少ない日本にとって、エネルギー対策は、将来の国民負担をかるくすることにつながるため、積極的に取り組むことが必要です。

災害復興に関係する費用

2011（平成23）年3月におきた東日本大震災では、岩手県、宮城県、福島県を中心に、地震のゆれによる被害や津波による被害、それにともなう原子力災害にみまわれました。被害が過去に例がないほど大きかったため、国は東日本大震災復興基本法などをさだめ、被災地の復興のために支援しています。

財源としては、所得税、住民税、法人税に復興特別税を上乗せするというかたちで集められています。たとえば、所得税では、2013年1月1日から25年間、所得税額に2.1%を上乗せすることで財源を確保しています。

日本の将来を考えてみよう

日本の税金とその使い道である財政についてみてきました。もしかしたら、日本の将来に不安を感じた人がいるかもしれません。右のグラフのように、歳出は年々増加していますが、1990年以降、税収ののびは足ぶみをつづけています。日本は、長年にわたる財政赤字におちいり、赤字をうめるために国債を発行してきました。歳出が税収を大きく上まわる財政状態は健全とはいえません。

歳出がふくれあがった原因のひとつは社会保障費の増加です。社会保障費は、医療、年金、介護などの費用なので、少子高齢化がすすむ今後は、さらに増加する可能性が高いでしょう。日本の出生率は2.0にとどかず、2005年ごろから人口が減少してきました。税収の大きな増加は期待しにくい状況であるため、税収をふやす方法として増税が実施されています。2019（令和元）年には、社会保障費にあてるために消費税が増税されました。

税金について、だれがどれだけ負担するか

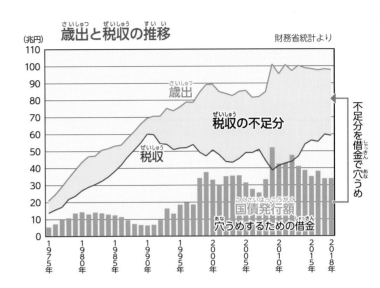

歳出と税収の推移　財務省統計より

（兆円）

歳出

税収の不足分

税収

国債発行額

穴うめするための借金

不足分を借金で穴うめ

さだめたものが税制です。日本の税制は、国民から選ばれた議員が国会や地方議会をとおしてきめたものです。国会議員や県議会議員などは選挙で選ばれているので、税制は国民がつくったともいえます。わたしたちは、自分たちがきめたルールで税金を集め、みんなのために使っているのです。

国民としても納税者としても、税金のルールや使い道に関心をもつことはとてもたいせつです。税金や社会保障とともに、日本の将来について思いをめぐらせてみましょう。

p.35よりつづく

それでははじめます

小学生
租税教室
はじめての税金

本日の先生、どうぞ！

ガラッ

税金いちから教えます！
税理士の税野はじめです！

ビシッ！！

え、
税金マン！？

p.35のバッジは、税理士の信頼のあかしである「税理士バッジ」です。くわしくは、第1巻『税金の基本と仕組み』で紹介しています。

知ろう！ 学ぼう！ 税金の働き 全2巻

監修：日本税理士会連合会

●A4変型判　●各48ページ　●NDC345（租税）●図書館用堅牢製本

税金の基本と仕組み

税金の種類と使い道

知ろう！ 学ぼう！ 税金の働き
税金の種類と使い道

監修　**日本税理士会連合会**

税理士の使命および職責にかんがみ、税理士の義務の遵守および税理士業務の改善進歩に資するため、税理士会およびその会員に対する指導、連絡および監督に関する事務を行い、税理士の登録に関する事務を行うことを目的として、税理士法で設立が義務づけられている法人。全国15の税理士会で構成されている。

初版発行 2020年3月　　第4刷発行 2022年3月

監　修　　　日本税理士会連合会
発行所　　　株式会社 金の星社
　　　　　　〒111-0056 東京都台東区小島 1-4-3
　　　　　　電話　03-3861-1861（代表）
　　　　　　FAX　03-3861-1507
　　　　　　振替　00100-0-64678
　　　　　　ホームページ　https://www.kinnohoshi.co.jp

印　刷　　　株式会社 広済堂ネクスト
製　本　　　東京美術紙工協業組合

NDC345　48p.　29.5cm　ISBN978-4-323-06196-2

◉ 編集・DTP　ワン・ステップ
◉ デザイン　　グラフィオ
◉ イラスト　　川下 隆
◉ まんが　　　池田圭吾

©Takashi Kawashita, Keigo Ikeda, ONESTEP inc., 2020
Published by KIN-NO-HOSHI SHA, Tokyo, Japan.
乱丁落丁本は、ご面倒ですが、小社販売部宛てにご送付ください。
送料小社負担にてお取り替えいたします。

JCOPY 出版者著作権管理機構 委託出版物

本書の無断複写は著作権法上での例外を除き禁じられています。複写される場合は、そのつど事前に出版者著作権管理機構（電話 03-5244-5088、FAX 03-5244-5089、e-mail: info@jcopy.or.jp）の許諾を得てください。
※本書を代行業者等の第三者に依頼してスキャンやデジタル化することは、たとえ個人や家庭内での利用でも著作権法違反です。